SIMPLES CONSEILS

AUX ÉLECTEURS.

BORDEAUX.

Imprimerie de Balarac jeune, rue du Temple, 7, près les fossés de l'Intendance.

1849.

SIMPLES CONSEILS

AUX ÉLECTEURS.

Citoyens, ouvriers, paysans, industriels ou propriétaires,

Des élections générales vont avoir lieu, vous serez bientôt appelés à remplir un grand devoir.

Les royalistes de toutes les époques, de toutes les couleurs s'unissent pour exercer sur vous leur fatale influence. Ils vous trompent pour vous égarer.

Nous venons mettre sous vos yeux la vérité toute entière et vous dévoiler les manœuvres des ennemis de la République. Nous vous dirons ce qu'ils veulent et ce que nous voulons ; ce qu'ils ont fait et ce que nous avons fait aussi. Mieux éclairés, vous reconnaîtrez alors qui, d'eux ou de nous, sont vos amis, qui, d'eux ou de nous, vous devez appuyer ou combattre.

Réfléchissez à l'importance de ce que vous allez faire ; ne cédez ni aux sollicitations, ni aux menaces ; songez seulement à remplir consciencieusement vos fonctions d'électeurs ; le bonheur de votre pays, le vôtre, celui de vos enfans dépend des choix que vous ferez.

Préoccupez-vous donc, non pas de plaire à vos amis, d'être agréable à vos chefs, d'obtenir pour vous quelques petits avantages particuliers ; mais du bien général et des intérêts de la grande famille française dont vous faites partie.

1

Vous aurez treize noms à porter sur vos listes, treize noms de personnes dont vous ne connaîtrez sans doute qu'un petit nombre. Vous serez donc embarrassés pour choisir ; mais ce n'est pas une raison pour accepter au hasard ou indifféremment les noms qui vous seront proposés. Il ne suffit pas que sur votre liste se trouve le nom d'un candidat connu de vous, il faut que tous vous paraissent appartenir à des hommes remplissant également bien toutes les conditions nécessaires. Or, pour vous éclairer à cet égard, vous n'aurez à faire qu'une chose fort simple.

S'il vous fallait choisir quelques hommes pour leur confier le soin de vos intérêts, que feriez-vous ? Vous prendriez avec sollicitude des renseignemens sur leur compte, et vous ne vous décideriez qu'après avoir acquis la certitude qu'ils mériteraient toute votre confiance. Eh bien ! à l'égard du choix de vos représentans, il faut procéder de la même manière. Avant de confier les intérêts de votre pays à ceux qui solliciteront vos suffrages, renseignez-vous sur eux, avec toute sorte de soin, et ne vous décidez qu'en pleine connaissance de cause.

Mais, direz-vous, comment nous sera-t-il possible de distinguer parmi les candidats qui se présentent, ceux qui peuvent le mieux nous convenir, s'ils ne vivent pas tous auprès de nous ; nous ne sommes pas assez habitués à nous occuper des affaires publiques, pour porter un bon jugement sur la capacité des hommes qui doivent être chargés de les diriger, et puis, où prendrons-nous les renseignemens dont nous aurons besoin ; à qui nous fier pour cela ?

Il est vrai , citoyens , que grâce à l'état d'abandon et d'ignorance dans lesquels vous ont tenus jusqu'ici, non sans bonnes raisons , tous les gouvernemens passés , vous n'êtes pas encore aussi aptes à faire ces choix , que le sont les hommes privilégiés de la monarchie , qui avaient eu le soin, sous elle , de se réserver la jouissance exclusive des droits électoraux. Mais cependant , si vous voulez bien faire attention à ce que nous allons vous dire , vous reconnaîtrez de suite que la difficulté n'est pas aussi grande que vous le pensez, et qu'avec un peu de bonne volonté il vous sera facile d'obtenir un excellent résultat.

En effet , ce que vous devez exiger d'un homme qui aspire à vous représenter , vous est indiqué naturellement par ce que vous devez vouloir dans l'intérêt de tous en général , et dans le vôtre en particulier.

Or, dans l'intérêt général , un représentant doit être un homme honnête , intelligent , désintéressé , dévoué à son pays et partageant vos opinions politiques, car celles-là , selon votre conscience , sont nécessairement les seules bonnes.

Et dans votre intérêt particulier , un représentant doit connaître vos besoins aussi bien que vous, il doit souffrir de vos souffrances et désirer pour lui les améliorations que vous désirez pour vous-mêmes ; vous devez donc le choisir de préférence dans votre département.

Telles sont, en peu de mots, citoyens, les conditions qui doivent, autant que possible, se trouver réunies dans un représentant.

Vous sera t-il donc si difficile de savoir si ceux que vous voudrez nommer les réuniront ?

Non, citoyens, sur ces divers points, les renseignemens ne vous font pas faute, si, du moins, vous désirez les obtenir. Mais, avant tout, il faut que vous soyez bien fixés sur ce que vous voulez et bien déterminés à ne suivre que les conseils de votre propre conscience.

Soyez certains qu'alors les hommes ne nous manqueront pas, tels que vous pourrez les désirer, républicains ou royalistes, girondins ou autres, suivant que vous préférerez la République ou la Monarchie ; suivant que vous voudrez choisir vos représentants parmi les citoyens voués à vos intérêts par principes et par position ou parmi ceux qui ont toujours joui de tout à vos dépens : suivant que vous voudrez les prendre dans votre pays, dans votre département ou en dehors; en un mot, suivant qu'il vous conviendra de maintenir ou de renverser ce qui est, de continuer la série des révolutions ou de la clore à tout jamais.

Ainsi donc, avant tout, il s'agit, citoyens, de vous éclairer sur les besoins politiques et moraux de votre pays, sur les vôtres, sur les moyens de satisfaire ces besoins et sur la forme de gouvernement qui peut le mieux fournir ces moyens.

Les royalistes confondent à dessein, dans les discours qu'ils vous adressent, deux choses fort distinctes, la Révolution et la République. Ils veulent ainsi vous persuader que la forme républicaine ne peut subsister sans les agitations, sans les désastres inséparables de toute révolution, afin d'engager les hommes paisibles, ennemis de toute révolution, à se montrer, par cette raison, également hostiles à la République.

Comprenez cependant, citoyens, la différence immense qui existe entre ces deux choses, Révolution et République. Cette différence est telle, que les révolutions, loin d'être toujours faites dans le but de remplacer la monarchie par la république, n'ont lieu souvent que pour transformer des républiques en monarchies.

Une révolution, loin de pouvoir être considérée comme une forme de gouvernement, ne fait, au contraire, qu'en constater l'absence complète; c'est le mouvement qui s'opère pour passer d'un gouvernement qui a cessé d'être à un autre qui n'est pas encore.

Mais comme ce mouvement, dont la durée varie suivant les temps, les peuples et les circonstances, ne peut se produire sans occasionner des malheurs graves et nombreux, sans que la société soit plus ou moins bouleversée, sans qu'un grand nombre d'existences et de fortunes restent compromises ou détruites, tous les bons citoyens doivent, autant que possible, éviter de les faire naître.

D'où il suit, à plus forte raison, que lorsqu'une révolution vient de se terminer pour faire place à un gouvernement régulier et populaire, on doit fermement appuyer ce gouvernement et le maintenir, sous peine de voir les révolutions se renouveler sans cesse.

Ainsi donc, citoyens, si vous voulez éviter de retomber dans la situation dont nous sommes sortis, vous devez appuyer et maintenir la République, parce qu'elle est établie, parce que l'on ne pourrait la renverser aujourd'hui qu'au moyen d'une seconde révolution , prélude d'une troisième , que l'irritation des esprits rendrait bien autrement sérieuse et profonde que celle qui vient de s'accomplir.

Et d'ailleurs , citoyens, pourquoi voudriez-vous détruire la République ? Elle n'est constituée que depuis la proclamation de la Constitution. Jugez-là donc seulement par cette première œuvre , et tâchez de vous rendre compte de ce qu'elle ferait pour vous , si, dirigée par de vrais républicains au lieu de l'être par des traîtres royalistes , elle pouvait librement produire tout le bien dont elle est susceptible.

N'a-t-elle pas déjà fait beaucoup pour vous en vous rendant tous vos droits dont vous aviez toujours été privés jusqu'ici ?

Sous la monarchie, le peuple ne pouvait jamais exprimer ses vœux, ni faire connaître ses volontés; il ne jouissait d'aucun droit ; il devait tout attendre de la bonne volonté du pouvoir ou de celle des députés de la bourgeoisie. Ceux-là étaient tout , lui n'était rien , ou, pour mieux dire , ils agissaient en maîtres et le traîtaient en paria.

Sous la République, au contraire , tous les citoyens jouissent des mêmes droits et peuvent les exercer sans entrave. Le peuple peut choisir ses représentans, ses défenseurs dans son propre sein ; la voix du plus pauvre, du prolétaire , a autant de valeur que celle du plus riche financier. Avec de l'accord , de l'union et de la fermeté , le peuple peut obtenir toute justice , toute satisfaction légitime.

Sous la monarchie , des mesures fiscales de toute sorte ont été créées, toutes ou à peu près atteignent plus particulièrement les classes pauvres ; tels sont les impôts de consommation, connus sous le nom de droits réunis et d'octroi ; telles sont les lois de douane, restrictives ou prohibitives. Depuis cinquante ans, les amis du peuple réclament en vain la suppression de ces mesures ou leur modification : qu'ont-ils obtenu ? Que pouvaient-ils même obtenir , luttant sans appui contre les forces réunies de tous les royalistes privilégiés ?

Aujourd'hui, au moyen du suffrage universel, le peuple obtiendra, dès qu'il le voudra, tout ce qu'il réclame en vain depuis si long-temps. Car si les lois sont faites par les représentans, les représentans sont, au préalable, nommés par le peuple.

C'est donc de lui que dépendent aujourd'hui son présent et son avenir. La République lui fournit l'instrument, c'est à lui à choisir le grain ; il recueillera selon ce qu'il aura semé.

Nous savons tout ce que vous disent les ennemis de la République pour vous irriter contre elle et contre les hommes qui ont coopéré à son établissement ; eh bien ! citoyens, ayez assez de courage pour repousser leurs mensonges, et pour vous en donner les moyens, nous allons répondre, en peu de mots, aux divers reproches adressés au gouvernement provisoire et aux républicains, et vous rappeler certains faits que nous tenons à vous faire remarquer.

Le 24 février , vous le savez , la révolution éclata. Elle fut provoquée par le refus obstiné de M. Guizot

et de son ministère , de laisser les membres de l'opposition se réunir à Paris dans un banquet. A la tête
des hommes qui organisèrent la résistance contre
l'arbitraire du pouvoir et qui poussèrent ainsi à la révolution , se trouvait le citoyen Odilon Barrot , pré-
sident actuel du ministère ; nul ne comprenait alors
mieux que lui les droits des citoyens ; nul aussi ,
mieux que lui, ne savait les exposer et les défendre
avec de belles paroles , à la tribune.

La famille royale tombée du trône fut , vous vous
le rappelez encore , aussi lâchement abandonnée
qu'elle avait été bassement adulée et servie par tous
ces hommes qui peuplent les cours, qui vivent autour
des rois et des princes , courbant humblement le
dos devant le pouvoir, jusqu'à ce que le moment ar-
rive pour eux de le lui tourner, ce que pas un d'eux,
du reste, n'a manqué de faire.

Un essai d'établissement de régence fut tenté par le
citoyen Odilon Barrot ; il n'eut pas de succès. Alors ,
tout gouvernement régulier n'existant plus, le peuple
reprit ses droits et proclama un gouvernement composé de onze membres, nommés par acclamation.

Ce gouvernement a duré jusqu'au 4 mai.

Mille calomnies ont été répandues contre les hommes qui le composaient , contre leurs actes , contre
leurs agens ; nous ne venons pas ici les défendre per-
sonnellement. Ils seront suffisamment vengés par la
justice de l'histoire. Nous voulons seulement vous
parler de leurs actes qu'on a le plus attaqués et dont
la justification rentre dans notre sujet.

On les a accusés d'avoir destitué sans ménage-

·ment et sans motif tous les fonctionnaires royalistes.

Cette mesure n'eut été que logique , et cependant l'accusation est en grande partie fausse , car un petit nombre seulement d'employés furent déplacés ; mais elle est remarquable en ce qu'elle provient de ces vampires de tous les régimes , de ces harpies insatiables, de ces hommes sans pudeur et sans conscience, prêts à se faire les humbles valets de tout gouvernement, afin de conserver ou d'obtenir des dignités et des salaires ; de ces hommes que vous voyez aujourd'hui parvenus, par leurs viles manœuvres, à reprendre sous la République toutes les positions qu'ils occupaient sous la monarchie.

Ne sentez-vous pas , citoyens , le rouge de la pudeur colorer votre front, lorsque de pareils hommes, scandale de toutes les époques de notre histoire contemporaine , osent venir devant vous reprocher à la révolution d'avoir substitué dans quelques partis des républicains aux royalistes.

Mais, dit-on, on avait choisi des hommes infâmes. Citoyens, croyez-vous qu'on les ait réellement choisis ainsi ? Ne comprenez-vous pas que quelques erreurs aient pu être commises dans un pareil moment ? Et d'ailleurs, l'homme dont le nom a servi le plus aux royalistes pour attaquer les choix du gouvernement provisoire, cet homme, aujourd'hui condamné , quel était-il ? Un citoyen bien élevé, ancien maître de pension à Bordeaux, porteur de recommandations flatteuses, de témoignages favorables donnés par un archevêque. Le ministre fut trompé. Et croyez-vous

que sous les autres gouvernemens de pareilles erreurs
n'ont jamais eu lieu ? La liste en serait longue s'il
fallait la faire complète.

On a reproché au gouvernement d'avoir accordé à
ses commissaires 40 fr. par jour ; mais on n'a pas
ajouté qu'ils remplaçaient des préfets, bien autrement
rétribués. Ainsi, sous Louis-Philippe , le préfet de la
Gironde touchait plus de 160 f. par jour, et aujourd'hui
M. Neveux en reçoit plus de 130. De quel côté se trouvent la modération et l'économie ?

On l'a accusé d'avoir dilapidé les fonds du trésor;
mais depuis la réunion de l'Assemblée nationale, les
comptes ont été soumis à l'examen d'une commission,
et M. Ducos, notre représentant, son rapporteur, a
déclaré que tous ces comptes se trouvaient en règle,
et même mieux que sous Louis-Philippe.

On a dit que l'argent des caisses d'épargne avait
été enlevé. Ceci est une autre et plus atroce calomnie
bien digne de ses auteurs. La vérité est que sur trois
cent soixante millions de fonds appartenant à ces caisses, il n'en restait que soixante au départ de Philippe ;
le reste avait été placé sous son gouvernement en rentes sur l'Etat. Le gouvernement provisoire pouvait-il
donner autre chose que ce qu'on lui laissait ? Il a
distribué les soixante millions qui restaient aux plus
nécessiteux d'entre les déposans , et, plus tard ; les
autres ont reçu en remboursement de ce qui leur restait dû , des coupons de rente à un taux qui leur a
laissé un grand bénéfice.

Ainsi , en définitive , non seulement les déposans aux caisses d'épargne n'ont rien perdu depuis la

révolution , mais encore ils ont vu leur petit capital s'augmenter sensiblement.

On a accusé aussi le gouvernement provisoire d'avoir ruiné le crédit , tandis qu'il a tout fait pour le maintenir. N'a-t-il pas , en effet , sauvé les banques d'une banqueroute certaine , en donnant cours forcé à leurs billets , en créant ainsi du papier-monnaie en faveur de quelques établissemens privés, pendant qu'il s'abstenait de le faire pour compte de l'Etat ?

Est-ce donc la faute de la Révolution ou de la République, si le système financier, si le crédit reposent, en France , sur des bases tellement fragiles , que la moindre secousse les ébranle , que le moindre choc les détruit ?

Que ne nous a-t-on pas dit également , citoyens, contre l'indemnité de 25 fr. par jour accordée aux représentans ? Et cependant, pourquoi cette mesure a-t-elle été adoptée, si ce n'est par des motifs d'équité et d'intérêt en faveur des classes peu fortunées ; si ce n'est par considération pour vous , ouvriers , pour vous, petits propriétaires , pour vous , hommes intelligens mais pauvres ?

N'est-il pas juste , en effet , que vous puissiez choisir vos représentans parmi vous, afin que tous les intérêts petits et grands , également représentés , soient également défendus ? N'est-il pas dans votre intérêt que l'Assemblée ne soit pas peuplée exclusivement , comme cela avait lieu sous la monarchie , de fonctionnaires et d'hommes riches, tous également indifférens aux souffrances des classes pauvres ? Pourrait-il en être ainsi sans l'indemnité ?

Voilà précisément pourquoi les royalistes s'irritent autant contre cette mesure ; ils comprennent parfaitement et se gardent bien de vous le dire , qu'elle leur fait perdre le privilége dont ils ont joui jusqu'à ce jour, de pouvoir seuls, à cause de leur fortune , être nommés représentans , profiter des avantages qui découlent de cette position, et faire des lois dans leur intérêt particulier., sans se préoccuper le moins du monde du vôtre.

Ainsi , croyez-vous que si l'Assemblée nationale eût été composée en majorité d'hommes dévoués aux intérêts populaires, de véritables républicains , les octrois, les droits réunis , la loi sur la chasse et tant d'autres institutions monarchiques subsisteraient encore ?

C'est parce qu'ils savent tout cela mieux que vous , que les royalistes , ces habiles trompeurs , abusant de votre confiance et se servant ainsi de vous-mêmes pour vous nuire , viennent vous exciter contre une mesure qui vous est si éminemment favorable.

Voilà pourquoi, s'ils vous parlent des millions que forment, au bout de l'année, toutes les sommes partielles de 25 fr. réunies, ils se gardent bien de vous dire que ces millions ne font pas la moitié de ceux que recevait Louis-Philippe., ni le quart de ceux que touchait Charles X.

En effet, l'indemnité payée aux représentans forme, en totalité, un peu plus de 8 millions , tandis que Charles X en avait près de 36, et Louis-Philippe plus de 20 , y compris les produits des domaines de la couronne et de ses apanages.

En outre , vous remarquerez que ces 8 millions sont répartis aujourd'hui entre neuf cents familles , tandis que tous ceux que recevaient Philippe et Charles X ne profttaient qu'à eux seuls ou à leurs favoris, parmi lesquels , sans doute , aucun de vous ne se trouvait.

Les royalistes vous disent que les millions donnés au chef de l'Etat par la monarchie , servaient à encourager les sciences et les arts, selon le bon plaisir du monarque, et retournaient ainsi dans la circulation; mais les 25 fr. donnés aujourd'hui par la France à ses délégués, ne servent-ils pas à les faire vivre , à les indemniser de la perte de leur état, de l'abandon de leurs affaires , des dépenses qu'exige leur déplacement , celui de leur famille, le séjour si coûteux de Paris ? et cet argent ne rentre-il pas aussi dans la circulation, tout aussitôt et tout aussi bien ?

Telle est la question dans sa pure vérité, citoyens ; ainsi posée , vous fera-t-elle comprendre que l'indemnité n'est qu'une chose juste en principe et favorable aux classes ouvrières , et que les royalistes , en unissant leurs efforts pour en obtenir la suppression , ne veulent que servir leurs intérêts aux dépens des vôtres ? Serez-vous assez ennemis de vous-mêmes pour céder à leur funeste influence , en prenant vos représentans parmi eux.

On prétendait aussi que le gouvernement provisoire voulait se perpétuer au pouvoir ; et cependant, l'ordre à peine rétabli, il s'empressa de convoquer les électeurs et de constituer l'Assemblée nationale pour venir déposer ses pouvoirs dans son sein, répondant à ceux qui l'accusaient d'avoir favorisé le désordre, par ce fait miraculeux de deux mois traversés sans gouvernement constitué, sans force publique, sans emploi de moyens violens, et cependant sans qu'une seule goutte de sang eût été versée, sans que le moindre dommage eût été causé à personne, ni à aucune propriété, et par les deux magnifiques décrets, témoignage impérissable du véritable esprit démocratique, qui proclamaient l'abolition de la peine de mort et du serment politique; titre de gloire éternelle pour des hommes si indignement outragés par ceux-là même qui devraient le plus les admirer et les bénir.

En outre, le gouvernement provisoire avait promis la suppression complète des droits sur le sel, des droits réunis et des octrois, n'ayant pas osé prendre sur lui d'opérer cette suppression sans le consentement de la nation, dont les représentans allaient se réunir.

Ce fut une faute, et après elle, il faut l'avouer, il il en commit une plus grande encore, en décrétant l'impôt des 45 centimes, et cependant, ne peut-il être excusé de l'avoir fait par les difficultés du moment ? Il fallait rembourser les fonds des caisses d'épargnes, laissées presque vides par la monarchie ; le Trésor, obéré, avait une masse de ses bons en circulation ; le service de la rente n'était pas assuré ; il fallait à la fois faire face au désordre financier créé sous la royauté et aux difficultés produites par la révolution ; plusieurs moyens se présentaient : le gouvernement adopta celui qui lui parut le plus simple et le plus régulier, celui qui aurait dû lui assurer l'appui des classes riches, si peu atteintes par cet impôt en comparaison de ce qu'une équité plus sévère aurait eu le droit de leur demander ; et cependant , ce furent celles qui se plaignirent le plus tôt et le plus vivement. Le gouvernement sut alors comprendre et apprécier sa faute.

Et pourtant , elle ne peut retomber entièrement sur lui , vous devez le reconnaître , car la perception de cet impôt n'avait pas commencé avant que l'Assemblée nationale se réunît ; elle pouvait l'adopter ou le rejeter ; elle l'accueillit, et, en le faisant , elle a assumé nécessairement sur elle la responsabilité qui pesait auparavant sur le gouvernement provisoire, dont l'existence avait déjà pris fin.

L'Assemblée nationale , en se réunissant, avait pris le pouvoir ; une ère nouvelle commençait pour la France.

La révolution s'était faite au nom du peuple, par lui et pour lui. Il devait en attendre de grands bienfaits; les a-t-il obtenus? Vous pouvez vous-même répondre à cette question.

Cependant l'Assemblée s'empresse de reconnaître et de proclamer la République.

Nommée pour organiser un gouvernement et pour faire une Constitution, elle devait s'occuper aussi de toutes les affaires courantes, prendre toutes les mesures que les circonstances, que l'équité, que les promesses faites exigeaient.

C'est alors qu'elle sanctionna le décret sur l'impôt des 45 centimes ; c'est alors aussi qu'elle repoussa celui qui frappait les prêts hypothécaires.

Il est bon de faire remarquer cette différence entre les deux votes, et surtout de rappeler à quelle influence fut dû le rejet de la seconde proposition, et les motifs sur lesquels on s'appuya pour combattre le projet.

Personne n'ignore jusqu'à quel point la propriété est divisée aujourd'hui ; tout le monde sait qu'il n'est aucun immeuble, de quelque petite valeur qu'il puisse être, qui ne soit atteint par l'impôt. Celui des 45 centimes devait donc atteindre non seulement les châteaux et les parcs de la noblesse, mais la chaumière et le petit jardin du pauvre.

Il paraissait donc juste de frapper d'un impôt semblable, une fois au moins et dans l'intérêt de la patrie, ces fortunes mobilières qui, en reposant sur la propriété, participent aux avantages que présente celle-ci sous le rapport de la solidité, sans supporter aucune des charges qui reposent sur elle.

Mais il s'agissait d'attaquer les immunités accordées jusqu'alors au capital ; il s'agissait de le faire contribuer aux charges publiques, de réduire une fois, dans l'intérêt du pays, les revenus toujours si nets, si certains, si inattaquables du rentier. Ce fut une véritable émeute parmi tous ces bons patriotes, et pour défendre leur sainte cause, ils firent choix d'un homme que la Gironde avait pris pour son représentant, et que les royalistes avaient désigné aux suffrages du peuple, M. Thiers.

Et de quels argumens se servit-il pour combattre et faire rejeter ce projet ? Il osa soutenir que les fonds hypothéqués sur la propriété appartenaient en grande partie à des artisans, à des petits capitalistes que cette mesure atteindrait cruellement et qu'elle frapperait dans leurs moyens d'existence. Ainsi, cet homme qui n'avait trouvé aucune parole à dire en faveur du petit propriétaire, du pauvre ouvrier, du paysan, atteint par le vote de l'impôt des 45 centimes, s'appuyait sur le mensonge et l'exagération pour défendre les intérêts des hommes d'argent.

Cependant, la situation était fâcheuse. Les affaires suspendues, le crédit public ébranlé, le crédit particulier anéanti, venaient prouver, comme en 1830, tout ce qu'il y avait de faux dans le système financier, de fragile dans ses bases.

Il avait suffi d'un moment pour détruire toutes ces apparences de fortune, toute cette grande prospérité créée par la monarchie.

Cette situation devint surtout fâcheuse dans les campagnes. Pour y porter remède, diverses propositions furent adressées au gouvernement ou se formulèrent dans l'Assemblée ; elles avaient toutes pour but de rétablir le crédit et les affaires par l'établissement de banques agricoles et industrielles, autorisées à émettre des billets garantis sur la propriété ou sur dépôts de marchandises.

Une de ces propositions, appuyée par un grand nombre de représentans, de bons démocrates, désireux de soulager les souffrances du peuple, arriva à la discussion et fut repoussée par l'influence des royalistes, des hommes d'argent, qui comprirent parfaitement, que de l'adoption de cette mesure devait résulter la cessation de l'usure, et par conséquent la diminution de leurs bénéfices.

Son plus grand adversaire fut encore M. Thiers. Sans lui, ce projet eût été peut-être adopté, et, depuis huit mois, deux milliards répandus dans la campagne y auraient porté et entretenu le bien-être.

Les électeurs qui, cédant aux conseils des royalistes, ont nommé M. Thiers, liront sans doute avec satisfaction ce qu'il dit, dans cette circonstance, sur la situation de la propriété ; ils pourront comparer ce langage à celui qu'il avait tenu quelque temps auparavant à l'égard des rentiers.

Voici ces paroles, copiées textuellement dans le *Moniteur* :

« Voulez-vous parler de la détresse générale du
» pays ? Elle est incontestable ; il faudrait être aveu-
» gle, barbare, pour la nier.
» Mais voulez-vous parler de la détresse particulière,
» de la propriété foncière ? Oh ! alors il faut s'expli-
» quer. Vous êtes dans le faux, vous vous trompez
» sur les faits. »

Cette appréciation de votre situation, propriétaires et paysans, doit vous faire comprendre quel bon défenseur de vos intérêts vous aviez choisi dans M. Thiers.

Elle doit vous faire comprendre aussi l'intérêt que vous portent les hommes qui vous présentent et vous font nommer de pareils représentans. Cela doit, sans doute, vous engager également à préférer encore leurs candidats à ceux du parti républicain.

La question des droits sur les vins, posée plusieurs fois à l'Assemblée, n'a jamais donné lieu à de sérieuses discussions ; si la Gironde eût été représentée par un plus grand nombre de propriétaires et de vrais démocrates, il en eût été sans doute autrement. Une fois cependant, une discussion s'ouvrit relativement à une demande de prorogation et d'augmentation des surtaxes en faveur de la ville de Marseille. Les républicains ne se trouvant pas en nombre suffisant pour faire repousser cette proposition anti-populaire, elle fut accueillie, grâce à l'appui de tous les coryphées du parti réactionnaire et de M. Molé, autre représentant de la Gironde, nommé sous l'influence royaliste. A l'époque où cette élection eut lieu, les républicains engageaient le peuple à se méfier d'une pareille candidature; ils disaient que M. Molé, étranger au département, hostile même à ses intérêts comme habitant du Nord, ne pouvait servir que les intérêts politiques de la réaction; ils ne furent pas écoutés, les royalistes triomphèrent, et la question si essentiellement vinicole des octrois a succombé.

Sera-ce pour vous un utile avertissement, citoyens ?

Nous n'en finirions pas, et nous dépasserions trop les limites que nous nous sommes tracées, si nous voulions remettre sous vos yeux tous les votes de la chambre, constatant les entraves, les empêchemens apportés par les royalistes à l'adoption de toutes les mesures propres à procurer des soulagemens aux misères du peuple.

Nous nous bornerons à quelques mots encore.

Depuis long-temps, et sous tous les régimes, les amis du peuple réclamaient, dans son intérêt, la suppression des droits établis sur tous les objets de consommation, y compris le sel. Ils espéraient obtenir tout cela de l'Assemblée nationale. Le gouvernement provisoire, plein de bonnes intentions à cet égard, en avait fait la promesse.

Mais l'Assemblée, enrayée par la mauvaise volonté des royalistes, n'a pu répondre à tous ces vœux. Cependant, dans le but de vous être utiles, de servir vos intérêts, les républicains ont obtenu qu'elle réduisît la taxe des lettres et les droits sur le sel. Ce n'est pas beaucoup pour vous, sans doute ; mais cependant, c'est quelque chose, c'est plus que n'a jamais fait la monarchie, et voilà que les royalistes, retournant contre l'Assemblée cet acte de justice à votre égard, s'efforcent de vous irriter contre elle et de vous rendre insensibles aux seuls soulagemens que vous ayez obtenus depuis cinquante ans.

Ils vous disent qu'il eut mieux valu qu'on supprimât les droits sur les boissons ; cela est évident. Mais de ce qu'on n'a pas supprimé ces droits, s'ensuit-il qu'il aurait fallu maintenir ceux qui existaient sur le sel ?

D'ailleurs, pourquoi les royalistes ne vous ont-ils pas donné eux-mêmes cette satisfaction lorsqu'ils étaient au pouvoir ? Pourquoi, au contraire, ont-ils établi tous ces droits qui n'existaient pas sous l'ancienne République ? Demandez-leur-en la raison.

Ils vous disent encore qu'il résultera de cette diminution de recette une perte pour le Trésor, que cette perte nécessitera, pour être réparée, une augmentation des autres impôts, et que vous perdrez ainsi d'un côté ce que vous aurez gagné de l'autre.

Mais puisqu'ils se montrent aujourd'hui si pleins de bienveillance pour vous et de sollicitude pour vos intérêts, demandez-leur pourquoi, au lieu de vous menacer d'une augmentation des impôts qui pèsent si lourdement sur vous, ils ne proposent pas de couvrir le déficit en établissant des taxes sur les choses qui n'en ont jamais payé jusqu'à ce jour.

Demandez-leur pourquoi ils font tant d'efforts pour s'opposer à l'adoption du projet d'impôt sur les revenus, sur les rentes et sur les successions ?

Pensez-vous que ce soit dans l'intérêt de vos rentes et de vos revenus qu'ils se donnent tant de peine ?

Soyez convaincus, citoyens, que leurs intérêts les préoccupent plus que les vôtres.

L'impôt sur le sel retombe sur le pauvre, l'impôt sur les rentes et le revenu atteindrait plus particulièrement les riches royalistes : voilà tout le secret de leur fureur contre la réduction du premier et contre l'établissement du second.

Vous devez comprendre par là, citoyens, quel est le plan adopté par les royalistes pour nuire à la République. Ce plan est fort simple : s'opposer à tout ce qui pourrait procurer des satisfactions au peuple, et si, malgré leurs efforts, quelques-unes lui sont accordées, les dénaturer et les lui présenter plutôt comme un mal que comme un bien. — Voici aussi ce qu'ils ont fait à l'égard de l'impôt des 45 centimes.

Vous savez tous quel parti ils ont tiré de cette faute

du gouvernement provisoire et de l'Assemblée, pour porter à la République les plus rudes coups, pour lui nuire dans l'esprit des populations; or, vous allez voir maintenant ce que ces mêmes hommes viennent de faire, et vous apprendrez ainsi à les connaître et à les apprécier.

Les républicains, les vrais amis du peuple, touchés de ses plaintes, avaient résolu d'y faire droit ; un d'entre eux, M. Chavoix, représentant du peuple, avait présenté dans ce but, à l'Assemblée nationale, un projet de remboursement des 45 centimes. Il proposait de considérer cet impôt comme un emprunt forcé fait aux contribuables, et de leur donner en échange des coupons de rentes sur l'Etat, comme on l'avait fait pour les fonds des caisses d'épargnes et pour les bons du trésor.

Rien n'était plus juste que cette proposition ; rien n'était plus simple que son exécution. Elle paraissait devoir satisfaire tout le monde ; elle devait mettre fin aux justes plaintes du peuple. Il semblait donc qu'elle dût être accueillie à l'unanimité.

Et cependant elle a été repoussée ! Et pourquoi ?

D'abord, parce qu'elle ne satisfaisait pas les rentiers de l'Etat, les capitalistes, les banquiers, tous royalistes et puissans, opposés, dans leur unique intérêt, à toute nouvelle émission de rentes.

Et, en second lieu, parce que toute satisfaction donnée au peuple sous la République, ou toute réparation d'un dommage causé par la Révolution, devant avoir pour résultat de faire disparaître un prétexte de crier contre elle, toute satisfaction semblable ne pouvait convenir aux royalistes , aux ennemis de la démocratie.

Et voilà pourquoi , citoyens, l'on ne vous a pas remboursé les 45 centimes, et pourquoi l'on continue à les percevoir. N'est-ce pas , en effet , le meilleur moyen d'entretenir l'irritation des esprits contre ceux qui ont eu le malheur d'établir cet impôt ?

Ainsi, maintenant, si vous n'ignorez pas que vous devez la création de cet impôt à une faute du gouvernement provisoire , vous savez aussi que c'est aux royalistes, à leur haine contre la République, que vous en devez le non remboursement.

C'est un motif semblable qui les a poussés à employer les moyens les plus scandaleux pour obliger l'Assemblée à se dissoudre ; c'est pour y parvenir plus sûrement qu'ils vous ont fait signer, à vous, pauvres dupes, des pétitions factieuses.

A leurs yeux, l'Assemblée a un tort immense : celui d'avoir proclamé la République démocratique et de vouloir la maintenir ; car la République démocratique étant le gouvernement du peuple, ne peut être celui des royalistes et des aristocrates.

Si, au lieu de cela, elle eût proclamé Henri V, rétabli la noblesse avec ses priviléges, le clergé avec les dîmes, les jésuites et tout le bagage monarchique, ces mêmes hommes n'auraient pas eu assez d'éloges à lui donner.

Ne vous laissez donc pas influencer plus long-temps par des hommes à qui rien ne saurait coûter pour reprendre les avantages que la révolution leur a fait perdre et dont ils sont si contrariés de vous voir jouir comme eux.

Car il ne faut pas se le dissimuler, la lutte est entre la monarchie et la république, entre l'aristocratie et la démocratie, entre les priviléges pour quelques-uns et la liberté et l'égalité pour tous.

C'est à vous de choisir. Quant à nous, nous ne pouvons, en nous résumant, que vous dire encore : si, pour influencer vos votes, l'on vous parle de ce que vous souffrez depuis un an, songez que c'est à la révolution seule que vous le devez et non pas à la République, et que cette révolution ayant été produite par un changement de gouvernement, tout autre changement provoquerait une autre révolution suivie des mêmes effets.

Si l'on vous dit que les républicains sont des ambitieux qui ne veulent que le pouvoir et les places, songez qu'ils demandent sans cesse, au contraire, que les places soient données à tous, sans distinction et au concours, que leur nombre soit considérablement diminué et que les salaires soient réduits.

Si l'on vous rappelle que la République n'a pas fait pour vous tout ce qu'elle aurait pu faire, répondez qu'on ne lui en a laissé ni le temps ni la liberté. Car elle n'est plus dans les mains des vrais républicains depuis le 15 juin, car, depuis le 10 décembre, tous ont dû céder partout la place aux royalistes.

Mais il ne dépend que de vous qu'il en soit autrement, et pour vous déterminer, voyez donc ce que vous êtes et ce que vous devez vouloir.

Qu'êtes-vous donc, en effet, vous tous qui constituez la grande majorité des électeurs, petits propriétaires, petits marchands, chefs d'ateliers, ouvriers

et paysans, qu'êtes-vous ? Aristocrates ou démocra
tes ?

Avez-vous à profiter des priviléges ou de l'éga
lité? des restrictions ou de la liberté?

Voici le moment de vous prononcer. Si vous espé
rez obtenir des places à la cour, de hautes position
dans l'Etat, vos entrées dans les salons dorés de l
finance ; si vous pensez pouvoir jouir des avantage
de toute sorte que la monarchie assure aux classe
privilégiées, — soyez aristocrates et votez avec le
royalistes pour le rétablissement de la monarchie.

Mais s'il n'en est pas ainsi, si votre condition su
la terre doit être seulement de travailler et de pro
duire pour ceux qui se reposent et qui consomment
citoyens, vous ne pouvez vouloir d'autre triomphe
que celui de la démocratie, d'autre gouvernement qu
la République.

Et alors, vous enverrez à l'Assemblée une majorit
républicaine.

Une pareille majorité vous donnerait de suite l
diminution du nombre des places, la réduction de
gros salaires, celle de l'armée ; la suppression d
droit de chasse, des droits réunis, des octrois ; la li
berté commerciale, l'instruction gratuite, le crédi
public fondé sur un vaste établissement national, rem
plaçant, au profit de tous, les banques privilégiées
et répandant son heureuse influence dans tous les ar
rondissemens, pour y porter le crédit et l'abondance
en place de l'usure et de la misère.

Avec une majorité royaliste, vous aurez, au con
traire, ce que vous connaissez déjà, perfectionné e

augmenté encore à l'avantage des banquiers , des no-
bles, des fonctionnaires , des grands propriétaires ,
et au détriment du trésor public et de l'immense majorité de la nation, qui constitue ce qu'on appelle vul-
gairement le peuple.

A vous donc hommes appartenant à ce peuple tenu
si long-temps en mépris, à vous de sortir de cette position et de prendre enfin celle qui vous est due, non
pas en enlevant quoique ce soit à vos frères plus heu-
reux que vous jusqu'ici , mais en demandant justice
égale pour tous , en prenant enfin votre rang d'hommes, en même temps que celui de citoyens , que vous
a conféré la République , avec les moyens d'user de
tous les droits qui y sont attachés.

A vous donc la partie , elle est belle ; si vous la
perdez , vous perdrez en même temps , par votre
faute , tout droit de vous plaindre.

Elle va se jouer sous peu de jours , le peuple tien-
dra lui-même les cartes. Son bonheur, ses droits, son
avenir, forment son enjeu ; les priviléges de toutes
sortes constituent celui des royalistes. La chance est
du côté du peuple, mais l'habileté de ses adversaires
pourrait la faire tourner en leur faveur.

Pour y réussir, ils mettront en usage tous les lâches moyens dont ils ont l'habitude de se servir, la
corruption, la menace, le mensonge et la calomnie.

S'ils emploient, pour obtenir vos suffrages, la corruption ou la menace , vous aurez un grand devoir à
remplir , citoyens ; il est temps enfin que justice se
fasse ; il est temps que tous ces hommes qui vantent
tellement leur moralité et leurs vertus, soient connus

pour ce qu'ils sont. Loin de consentir à laisser avi[l]
vos consciences en cédant à leurs séductions , loin [
courber lâchement le front devant leurs menaces , [l]
vez haut la tête , levez-la au-dessus de celle de c
hommes dont la morale flétrit les actes et que la [l]
condamne. Faites leur voir que le temps n'est pl[us]
où l'ouvrier et le paysan, esclaves du maître ou [
propriétaire , ne pouvaient disposer librement de le[ur]
honneur et de leur conscience.

Citoyens, à tous ces hommes assez vils pour e[m]
ployer auprès de vous de pareils moyens, répond[re]
en les signalant à l'opinion publique et à la juste [ri]
gueur des lois.

Quant à leurs calomnies , nous pensons vous av[oir]
prémunis contre celles dont les royalistes se mo[n]
trent toujours si prodigues envers nous , dont le v[é]
ritable tort, à leurs yeux, est de chercher à vous écl[ai]
rer sur leurs projets liberticides, et de travailler co[u]
rageusement au triomphe de vos droits et de vos i[n]
térêts.

Vous repousserez donc avec un juste mépris l[es]
ignobles paroles de ces hommes.

Cependant , nous ne pouvons négliger de vous s[i]
gnaler une de leurs manœuvres, aussi habile que d[é]
loyale, mais dont le succès les encourage à continu[er]
l'emploi.

Sous la monarchie , vous ne l'avez pas oublié, c[i]
toyens, les grands partis se divisaient en rétrograd[es]
ou soi-disant conservateurs, et progressistes ou lib[é]
raux.

Le premier appuyait tous les actes contre-révol[u]

tionnaires du pouvoir; le second faisait à ses mauvaises tendances une opposition plus ou moins vive , mais constante.

Aux époques des élections , quand les candidats se trouvaient en présence et qu'il s'agissait d'exercer sur les électeurs cette influence que tous les partis veulent naturellement avoir pour obtenir le succès, que faisaient les ministérels, les hommes du pouvoir? Comme aujourd'hui, ils répandaient mille calomnies contre leurs adversaires, dénaturant leurs opinions , et les représentant tous , sans exception , comme des révolutionnaires et des républicains.

Après l'avènement de la République , ces braves royalistes ayant été les premiers à se poser comme ses partisans et ses défenseurs , le titre de républicain ne pouvait plus servir leurs mauvaises passions ; ils s'emparèrent alors du mot de *communisme*, et, faisant de cette secte l'effroi de tous les gens paisibles , la représentant comme prête à envahir la France entière, exagérant, dénaturant même les idées de son fondateur, pour servir mieux leurs lâches sentimens , ils appelaient communistes tous les hommes sincèrement républicains qui se présentaient à vos suffrages, dans le but de les faire repousser par vous, ce à quoi, du reste, ils ne réussirent souvent que trop bien pour votre malheur.

Mais enfin, comme tout ce qui est faux ne peut durer long-temps; comme la vérité finit toujours par éclater, ce communisme si redouté , dont on avait tant parlé, dont on s'était tant servi comme moyen électoral , finit par s'user et par perdre toute sa valeur,

Mais ce n'était pas une raison pour engager l[es]
royalistes à renoncer à leur système de calomnie et [de]
mensonge ; si une arme leur manquait, ils devaie[nt]
en créer une autre; aussi s'empressèrent-ils, pour rem[-]
placer le mot de communiste, de saisir celui de s[o-]
cialiste.

Ainsi donc, citoyens, nous ne vous serons plus pr[é-]
sentés comme des communistes, ce mot a fait s[on]
temps. C'est au nom du socialisme qu'on veut aujou[r-]
d'hui vous armer contre nous, et si vous demand[ez]
ce que c'est qu'un socialiste, on vous dira : « Le s[o-]
cialiste est un homme qui veut détruire la propriét[é,]
la famille et la religion, afin de substituer aux bas[es]
actuelles de la société le trouble, le désordre, la [li-]
cence, l'immoralité, en un mot, un pêle-mêle génér[al]
dans lequel homme et femme, père et enfant, gouve[r-]
nant et gouverné, fortune et misère, tout sera co[n-]
fondu et produira la véritable image du chaos.

Tel est, en effet, le tableau que font du socialisn[e]
ces bons royalistes ; c'est ainsi qu'ils voudraient vo[us]
le faire voir, vous le faire comprendre. Rendre l[es]
socialistes détestables à vos yeux, et vous faire r[e-]
pousser ainsi tous les républicains, en vous les dé[si-]
gnant comme communistes, comme socialistes part[a-]
geux, tel est le but de ces honnêtes gens.

Pour vous prémunir contre cette déloyale manœu[-]
vre, nous croyons devoir vous expliquer comme[nt]
vous devez comprendre l'application de ce mot — so[-]
cialisme — et celle des principes dont il est l'ex[-]
pression.

D'où vient le mot Socialisme ?

Il vient de social , qui dérive de société, lequel mot signifie une réunion , une agglomération d'hommes plus ou moins nombreuse , vivant entre eux suivant des rapports naturels, d'usage ou de convention.

Ainsi , toute réunion d'hommes organisée constitue une société.

La loi qui régit leurs rapports réciproques se nomme loi sociale ; ces rapports , rapports sociaux ; l'organisation , organisation sociale ; les questions qui s'y rattachent, questions sociales.

D'où il suit que si on veut donner un nom à la science qui traite spécialement toutes ces questions , cette science ne peut se nommer autrement que socialisme.

Et si l'on veut désigner aussi par un nom les hommes qui se livrent à l'étude de cette science , il faut forcément les appeler socialistes.

Car le socialiste est à la science sociale ce que le chimiste est à la chimie, ce que le mathématicien est aux mathématiques.

Ainsi donc ces monstres qu'on vous représente occupés sans cesse à rechercher les moyens de remplacer l'ordre monarchique par le chaos, ne sont, vous le voyez, que des travailleurs employant leurs veilles à l'étude des questions qui intéressent le plus vivement la société.

Or , pourquoi les hommes qui s'occupent de trouver à ces questions une solution plus favorable aux intérêts des classes délaissées jusqu'ici , seraient-ils plus coupables que ceux qui s'occupent de résoudre des questions politiques ou mathématiques ?

Lorsqu'il est permis de se dire , sans rougir, roya
liste ou républicain, pourquoi ne pourrait-on pas s
dire socialiste ?

Expliquons cela.

Les sociétés sont constituées suivant deux ordre
de combinaisons , l'une politique , l'autre sociale.

La première, nommée organisation politique, éta
blit la forme du gouvernement et ses rapports ave
les gouvernés.

La seconde , appelée organisation sociale , règl
les rapports de tous les membres de la société entr
eux.

Les sociétés ont été soumises de tout temps à de
modifications plus ou moins grandes, apportées ou
la fois , ou séparément, à ces deux organisations.

En 89, elles subirent de grands changemens : l'a
bolition de la corvée et du droit d'aînesse , l'égalit
devant la loi , celle de l'impôt , l'obligation du ser
vice militaire pour tous furent d'immenses réforme
sociales.

Depuis , les divers mouvemens qui se sont produit
ont modifié plus ou moins, tantôt dans un sens, tantô
dans un autre, les institutions politiques et sociales.

Enfin, en 1848, au cri mille fois répété de réforme
s'est opérée une grande révolution. La République
définitivement remplacé la monarchie, et le suffrag
universel a été établi et mis en pratique.

Ainsi l'organisation politique a vu changer toute
ses bases.

Dans cette circonstance, l'organisation sociale de
vait-elle rester sans modification ?

Devant cette situation, deux partis se sont dessinés. Le premier, formé de ceux qui veulent se borner aux réformes politiques obtenues; le second, composé des hommes qui veulent y joindre les réformes sociales, utiles et raisonnables.

Les premiers voulant tout garder pour eux, les seconds voulant que sans rien ôter à ceux qui possèdent, le peuple ait le droit de moins souffrir et celui d'acquérir.

De là la haine de tous les royalistes contre les vrais amis du peuple, contre ceux qu'on nomme socialistes.

Ainsi, vous le voyez, citoyens, d'un côté se trouvent les hommes, qu'on les nomme socialistes ou non, peu importe, qui travaillent pour votre bien, pour votre avantage.

De l'autre sont ceux qui refusent les réformes qui vous sont utiles, qui ne songent qu'à leurs seuls intérêts et calomnient vos vrais amis.

Ne poussent-ils pas l'audace jusqu'à vous dire que nous voulons détruire la propriété, la famille et la religion ?

Citoyens, nous ne voulons détruire que les abus. Nous voulons que la propriété, au lieu de rester le privilége de quelques-uns, devienne accessible à tous par le travail, facilité lui-même par le crédit.

Nous voulons que les jouissances et les douceurs de la famille ne restent pas le partage exclusif des privilégiés de la fortune, et que le prolétaire ne soit pas toujours exposé à voir sa femme mendier, ses fils livrés au service militaire et ses filles à la prostitution.

Nous voulons que la religion ne soit pas un ma[s]
que, mais un sentiment vrai; que ses ministres don[-]
nent autant de bons exemples que de bons conseils[;]
que sous le nom d'œuvres charitables, ils ne spécule[nt]
pas sur de généreuses dispositions ; que la raison [ne]
soit plus étouffée sous le joug oppresseur de la su[-]
perstition; que des hommes qui vivent en dehors [de]
la société renoncent à l'ambition de s'en faire les d[i-]
recteurs et les arbitres. Nous voulons que la paix d[u]
ménage ne soit plus troublée par une odieuse inqu[i-]
sition; qu'aux privations imposées au peuple par [le]
besoin ne viennent pas s'en ajouter d'autres dont [le]
riche peut seul s'affranchir, et qui deviennent ain[si]
l'objet d'un honteux trafic. Nous voulons que [le]
chef de la famille, seul maître chez lui, n'y soit p[as]
moins respecté, moins écouté qu'un étranger parasit[e.]

Du reste, les divers journaux de Paris et des dé[-]
partemens ont fait connaître, depuis quelques jours, [ce]
que veulent les républicains et les royalistes.

Lisez leurs programmes électoraux, citoyens.

Vous pourrez alors apprécier les calomnies de ce[s]
hommes, à qui rien ne saurait coûter pour nous per[-]
dre à vos yeux, et vous nous rendrez justice.

Citoyens, à une autre époque les peuples gémis[-]
saient dans la servitude, soumis au despotisme le plu[s]
affreux : le monde semblait vouloir s'immobiliser dan[s]
cette situation fatale.

Jésus-Christ parut.

Alors retentirent dans le monde des paroles aux[-]
quelles n'étaient pas habitués les puissans du jour[.]
Dans cette nouvelle doctrine d'affranchissement e[t]

d'egalité fraternelle, ils virent la ruine de leurs priviléges et une transformation sociale.

Alors aussi, ligués contre le libérateur du peuple,
contre le grand démocrate de la Judée, les royalistes, les aristocrates de l'époque ne craignirent pas de
l'accuser, de le traduire devant leurs tribunaux et de
le livrer au dernier supplice. En un mot, ILS LE SUP-
PRIMÈRENT.

Depuis la parole du Christ s'est répandue dans le
monde. Ses nouveaux disciples, chaque jour plus
nombreux, proclament la nécéssité de pousuivre pa-
cifiquement l'application des grands principes de justice et de véritable fraternité. Ils sont sans haine
pour les hommes dont ils combattent l'égoïsme inin-
telligent, ils sont disposés à la concorde, mais ils ne
se laisseront pas supprimer.

(Extrait de LA TRIBUNE DE LA GIRONDE.*)*

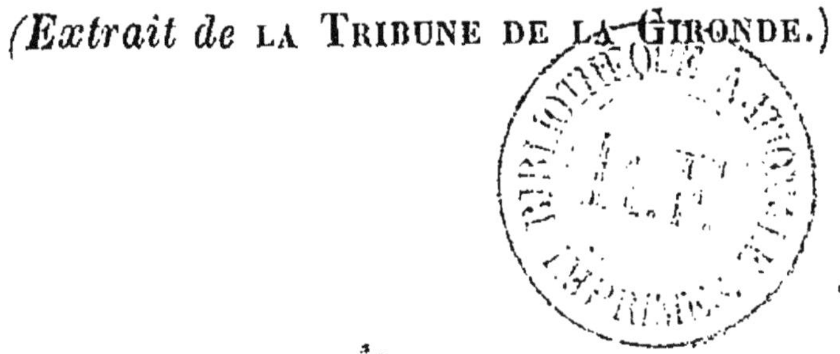

BORDEAUX. — IMPRIMERIE DE BALARAC JEUNE.